SUPERAR O SOFRIMENTO

ENSINAMENTOS DE SÃO PADRE PIO

Organização
David Brendo Silva

Ilustrações
Wiki Commons

Editoração, impressão e acabamento
PAULUS

1ª edição, 2018
2ª reimpressão, 2022

© PAULUS – 2018

Rua Francisco Cruz, 229 • 04117-091 – São Paulo (Brasil)
Tel.: (11) 5087-3700
paulus.com.br • editorial@paulus.com.br

ISBN 978-85-349-4689-6

Superar o *sofrimento*

Ensinamentos de
São Padre Pio

PAULUS

*A **esperança** de participar sempre mais da glória com Cristo torna mais suportável a crucificação com ele, a ponto de fazer com que se **alegre** nos momentos de miséria e tribulação aquele que espera no **Senhor**.*

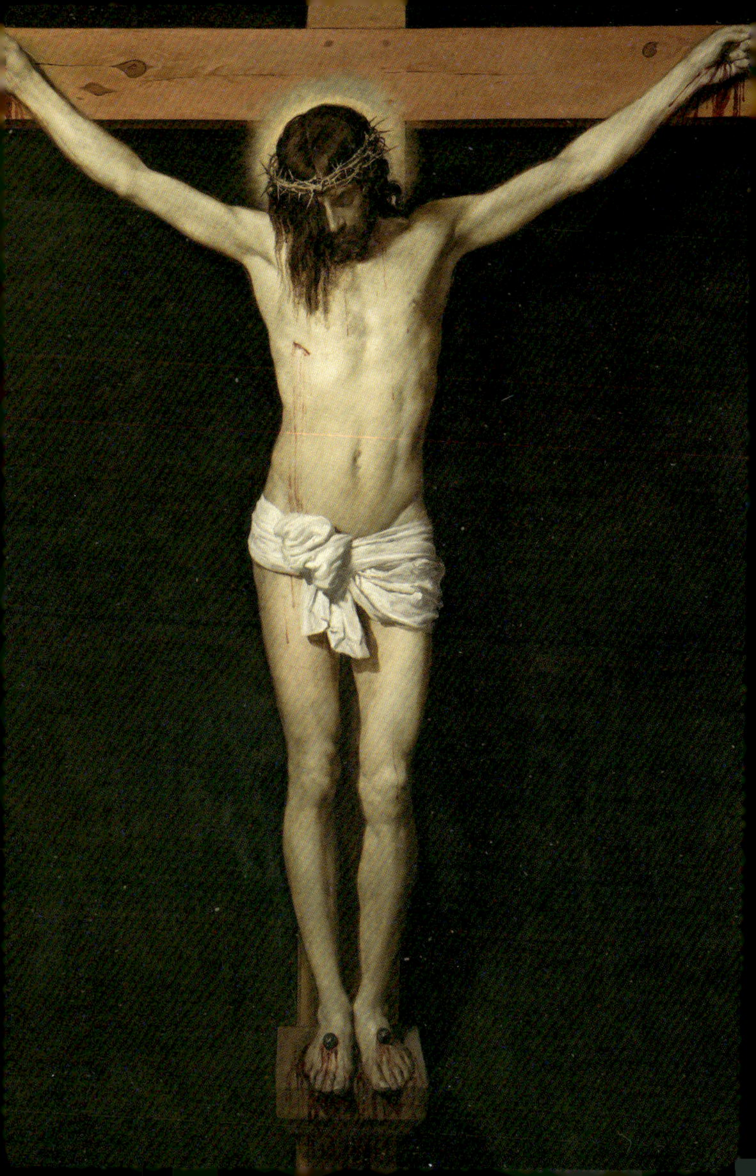

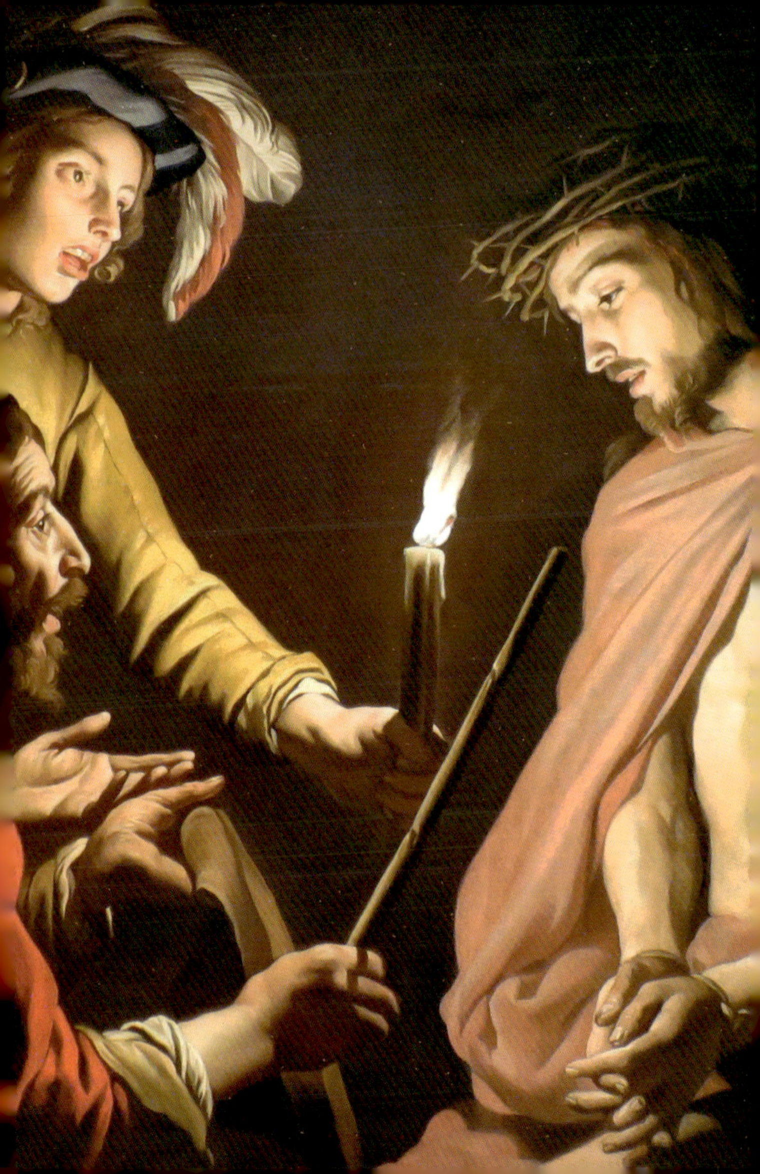

*Devemos saber **aceitar** a dor, permitida por Deus, para **reparar** o passado, **purificar** a alma e **vencer** toda murmuração, acolhendo os sofrimentos com ardor e determinação, e assim teremos a alegria de percorrer com Cristo a via dolorosa, do Presépio ao Calvário.*

*Sofrer com Cristo é **amá-lo** e consolá-lo **perfeitamente**. Tornam-se sempre maiores o desejo e o amor ao sofrimento, quanto maior é o amor a **Jesus** e às almas.*

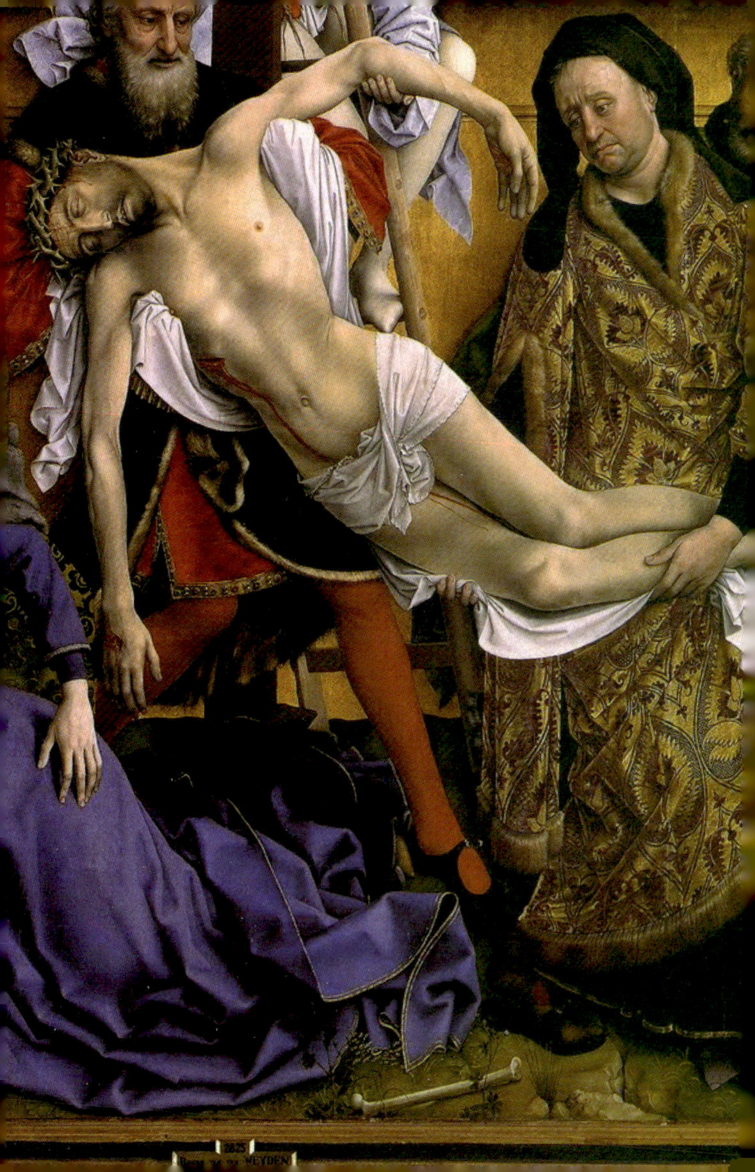
2825
WEYDEN

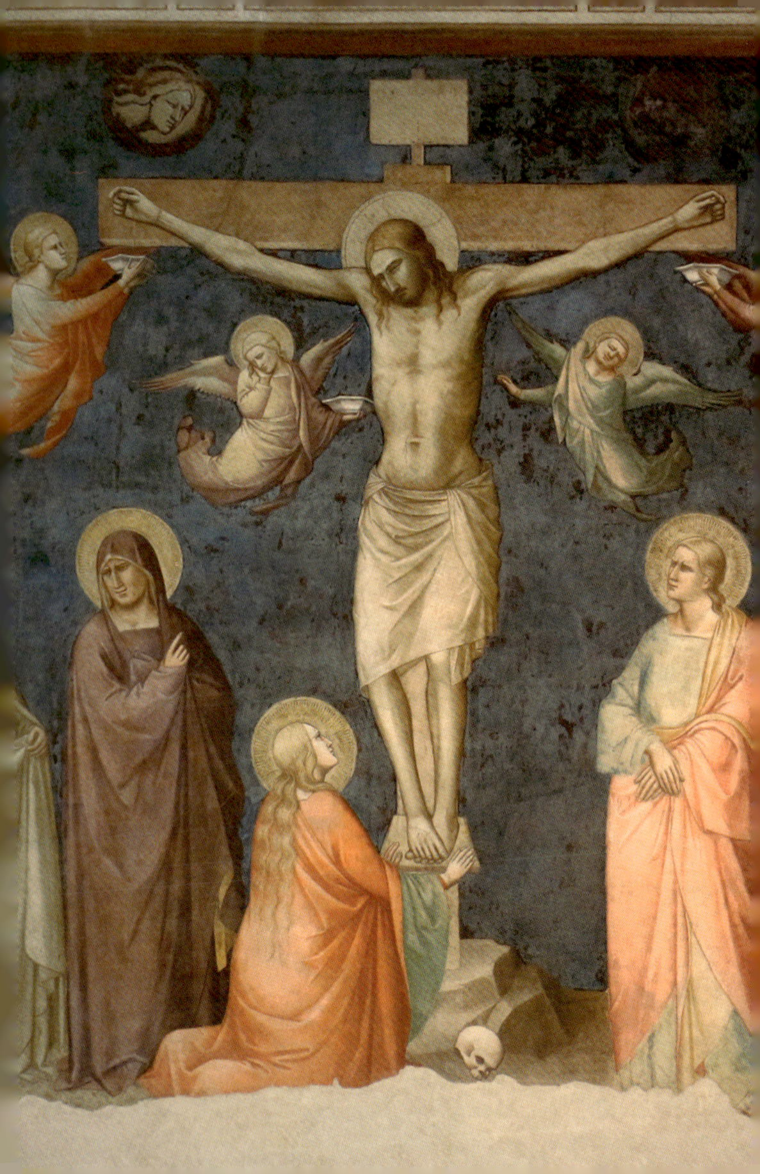

*Muitos pedem a **Deus** para eliminar a sua cruz, mas poucos pedem para **aprender** a carregá-la. Se os homens conhecessem a importância **espiritual** da dor, ninguém veria problema em ser crucificado.*

*Tenha por certo que quanto mais uma alma é **próxima** de Deus, tanto mais ela deverá ser provada. Portanto, **coragem** e avante sempre.*

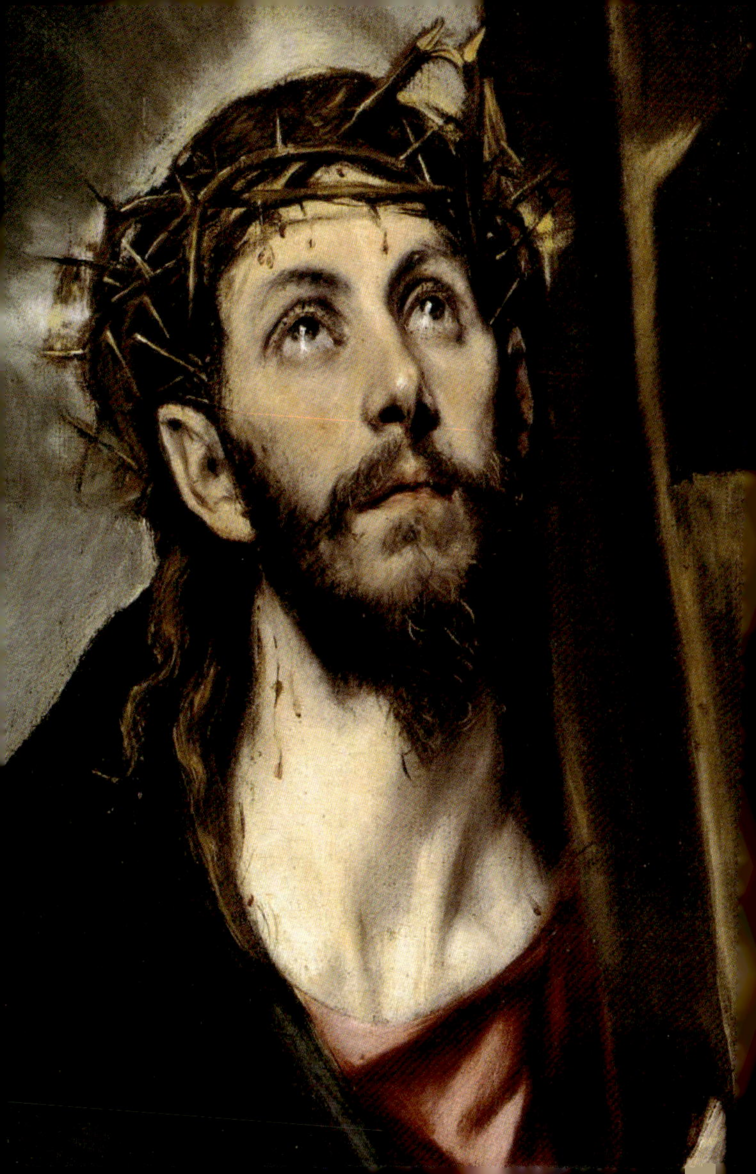

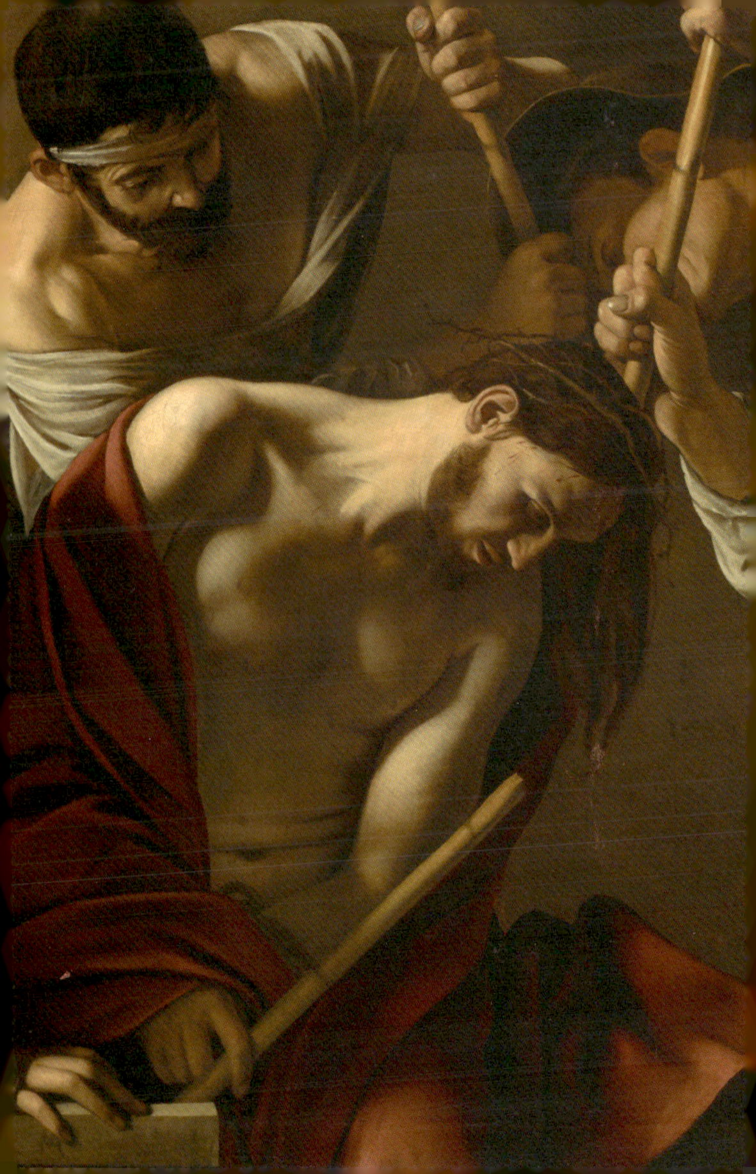

*Um só ato de **amor**
a Deus que você
fizer no tempo
da aridez **espiritual**
valerá mais que cem atos
seus feitos no tempo
de ternura e **consolação**.*

*Na dor, **Jesus** está mais próximo. É ele que vem **suplicar** a Deus por nós em nossas dores e lágrimas, pois nele há um grande desejo por nossas almas.*

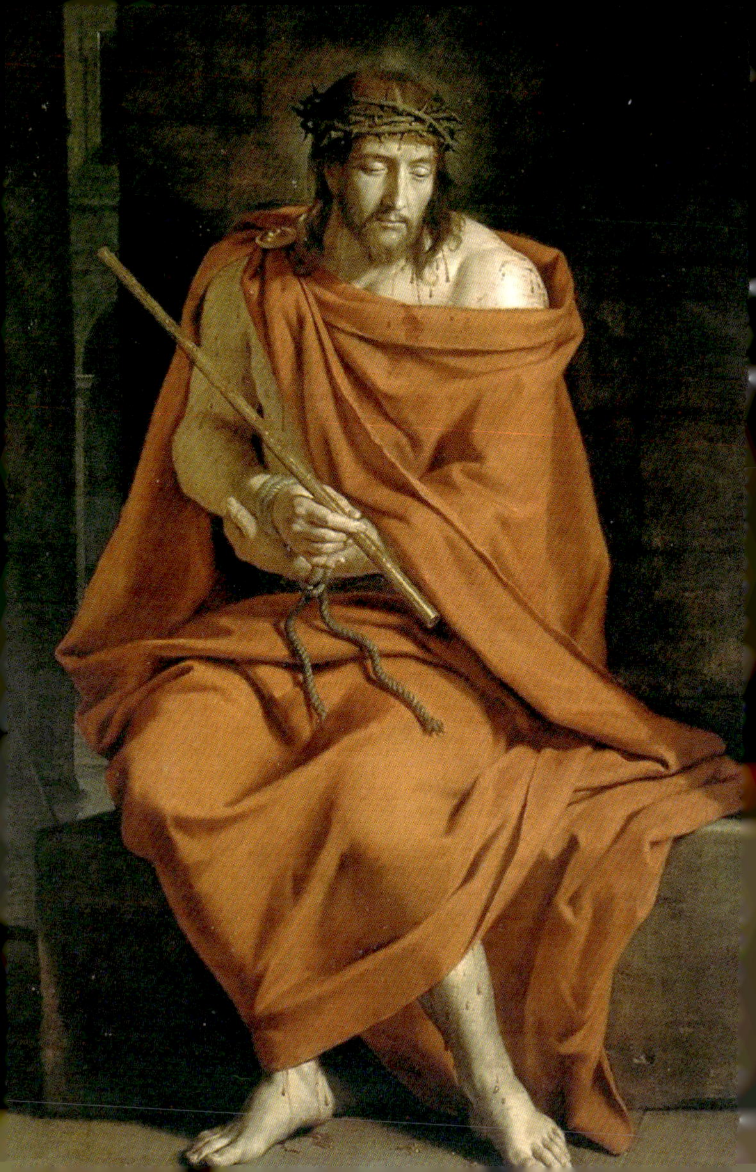

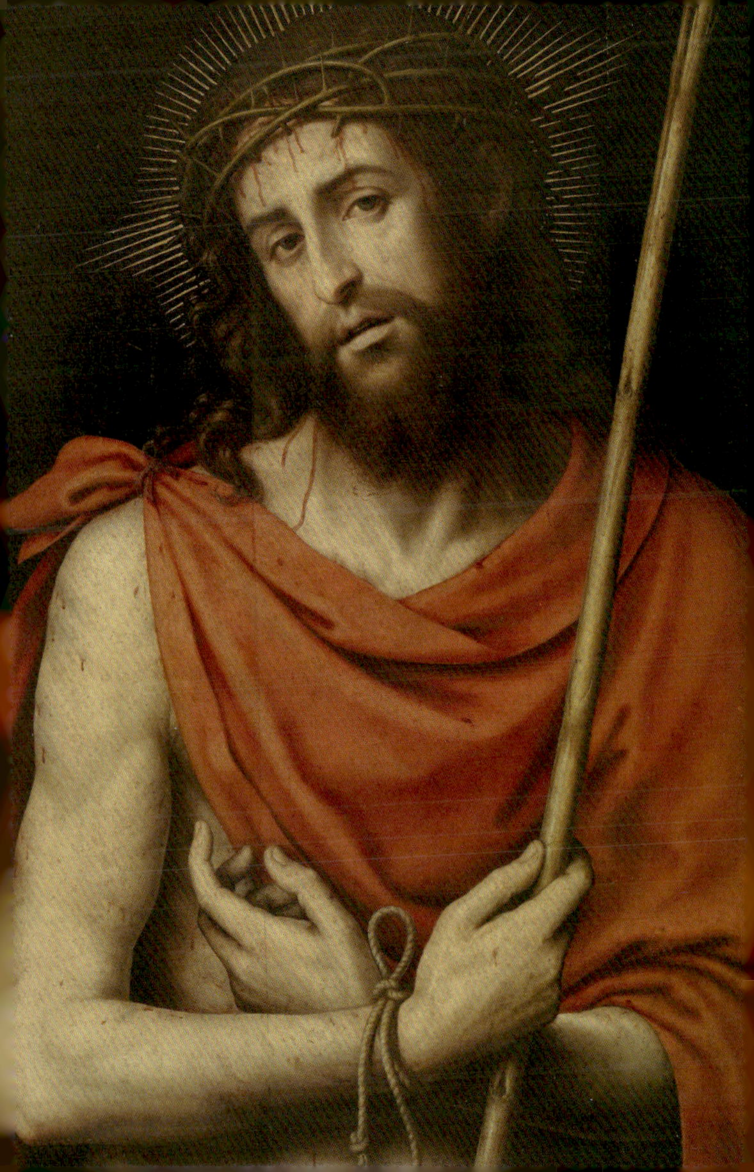

*Um dos efeitos da **graça** de Deus em mim é que minha vida está se tornando um cruel martírio e só provo **conforto** em renunciar a mim mesmo para viver por **amor** a Jesus.*

*Quando **Jesus** quer me dar a conhecer o quanto ele me **ama**, ele me concede provar a sua **paixão**, as suas feridas, os seus espinhos e as suas angústias.*

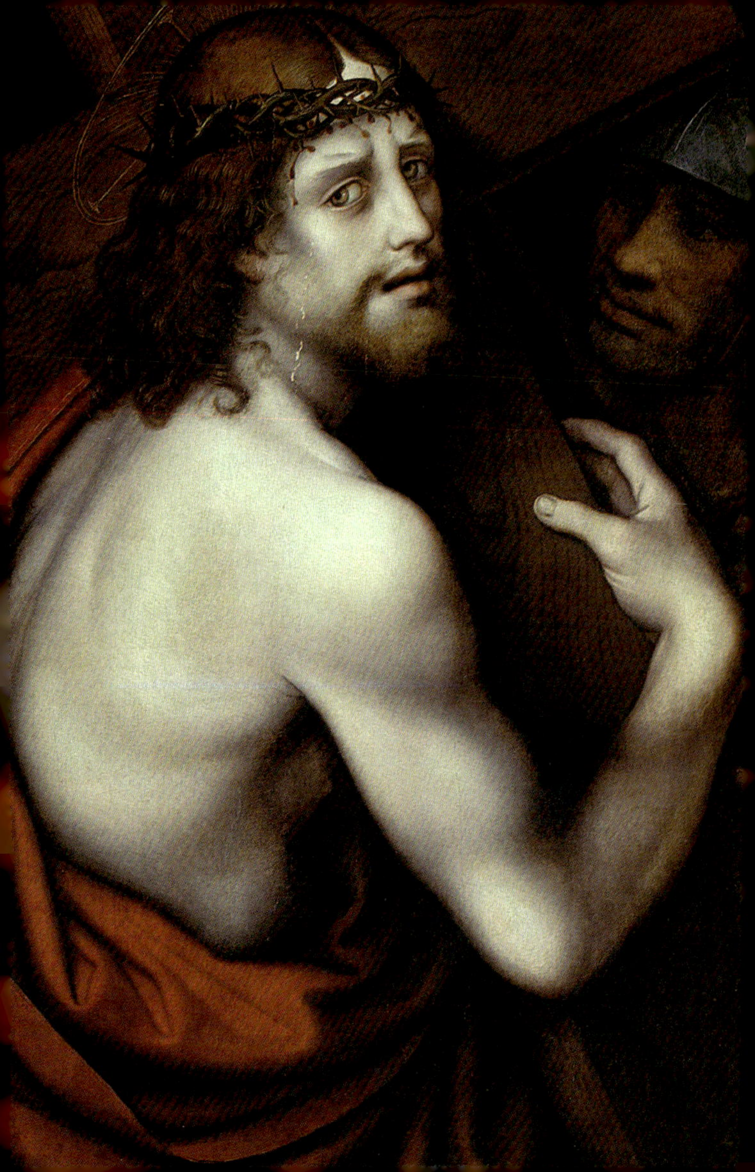

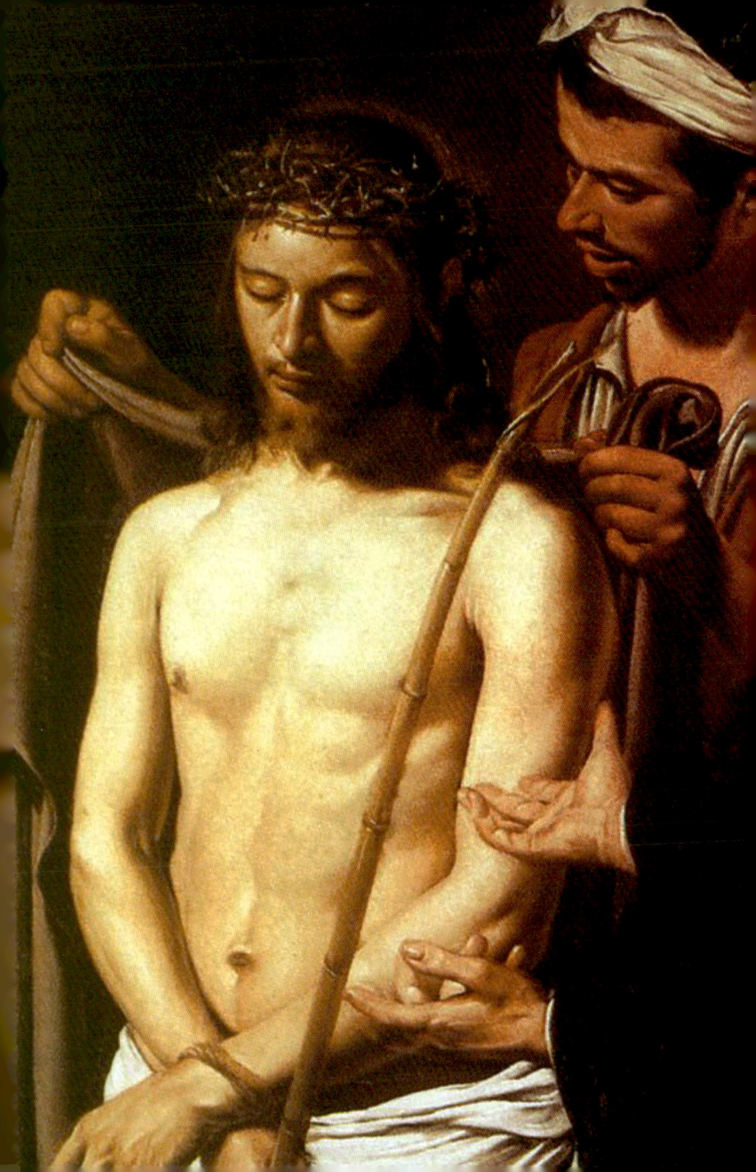

*É incompreensível
a reparação que uma alma
pode dar ao **amor** de Jesus
não só tomando parte
nas suas **dores**,
mas também se negando
a receber **consolações**
mesmo sendo participante
de suas dores...*

*Estou disposto a ficar privado para sempre das **doçuras** que Jesus me faz sentir. Estou disposto também a sofrer o **ocultamento** dos seus belos olhos, desde que ele não me esconda o seu **amor**, porque assim eu morreria.*

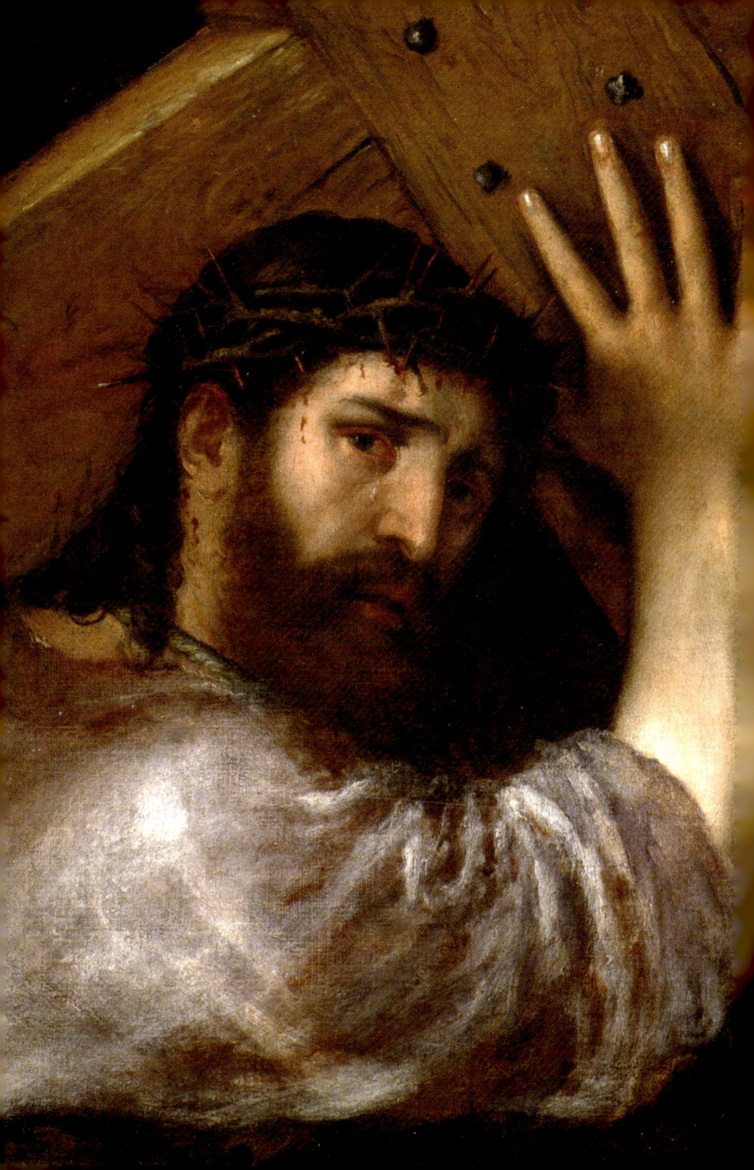

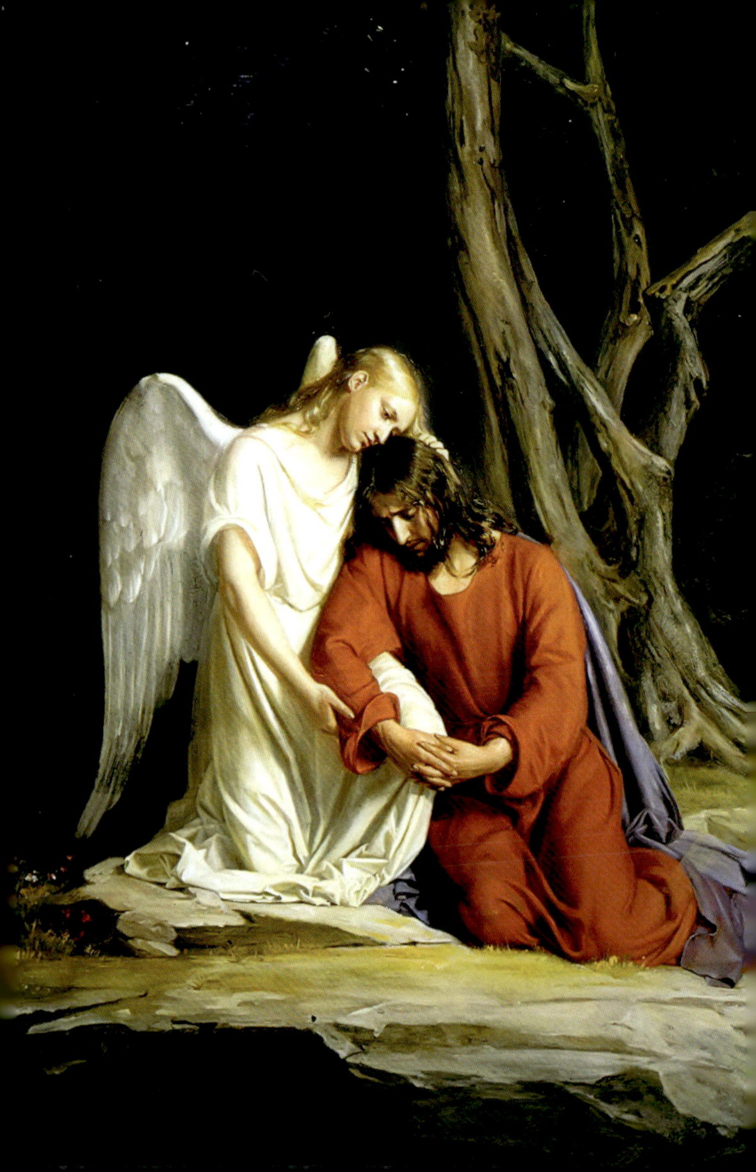

*Se eu não tivesse
as **aflições** espirituais
que me partem o coração,
eu quase estaria num
paraíso de delícias,
mas que seja feita
a vontade de **Deus**.*

*Nada vale o meu pobre **sofrimento**, mas Jesus o acolhe porque eu sofro nesta terra por **amor**.*

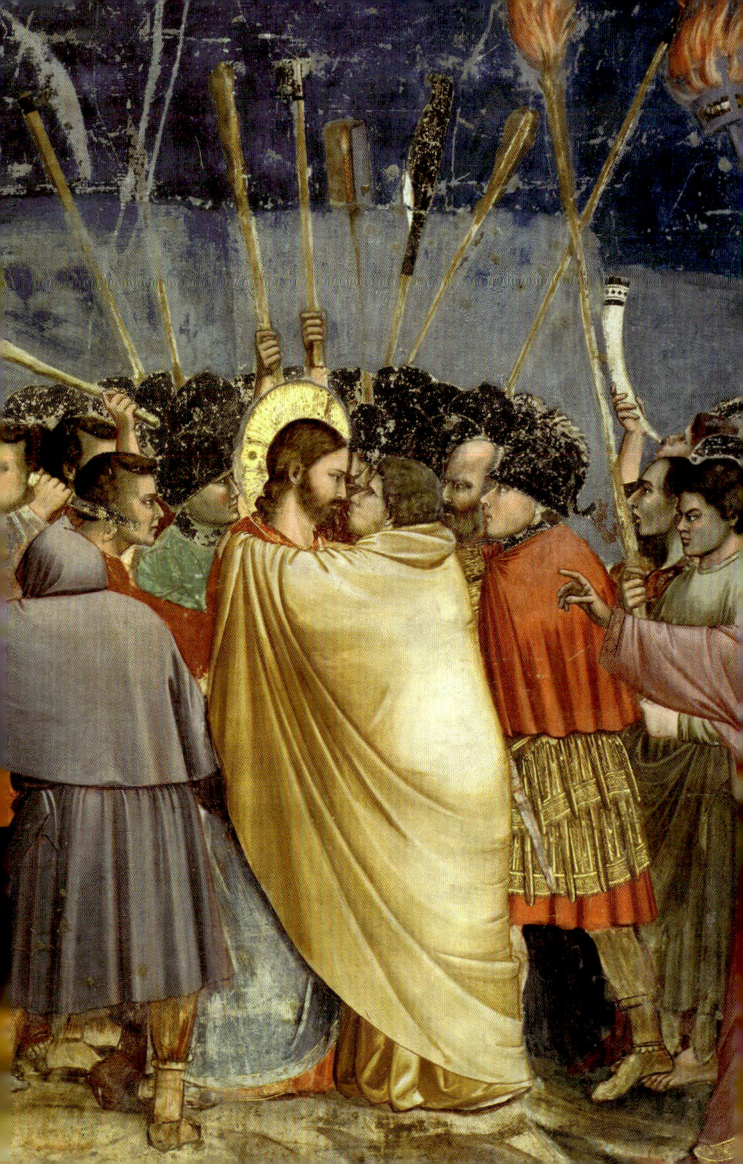

CIFIGE CRV EV C

*Todos os maus **pensamentos** que o demônio coloca em minha **mente** desaparecem quando, confiante, me abandono nos braços de **Jesus**.*

*Sofro, é verdade,
porém me alegro muito!
Porque a virtude
da **paciência**
me assegurou que isso
não é abandono
de Deus, mas, sim,
uma **delicadeza**
do seu afetuoso amor.*

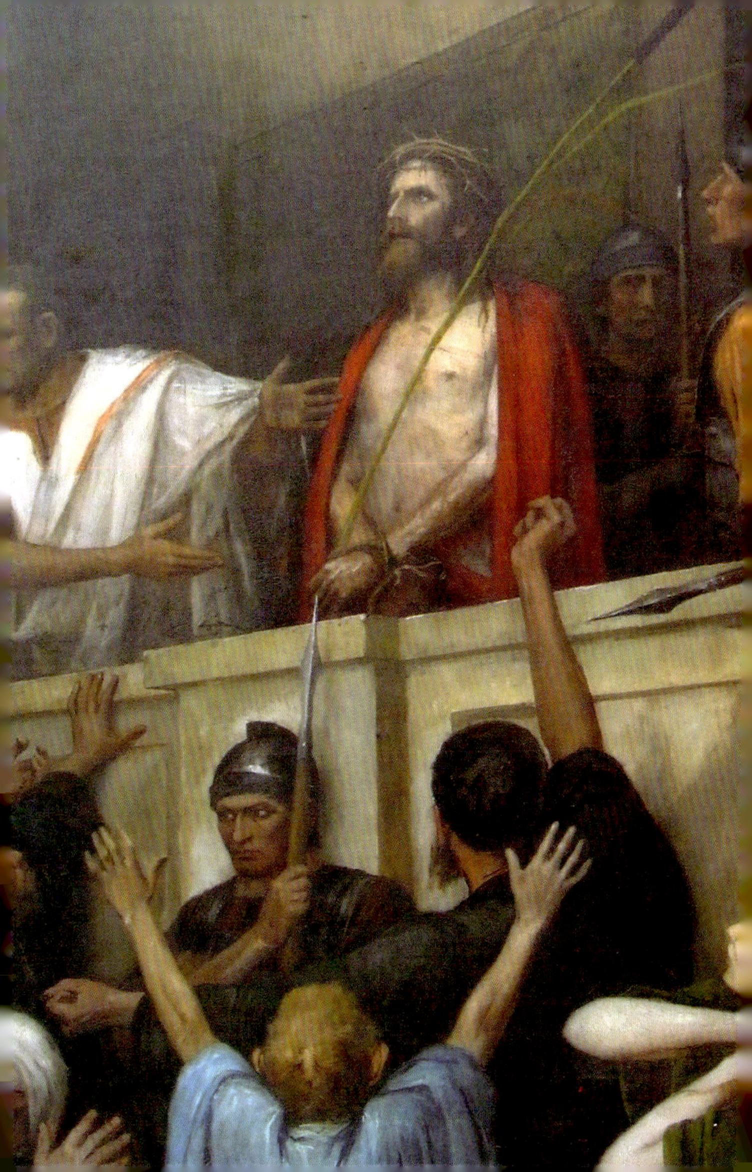

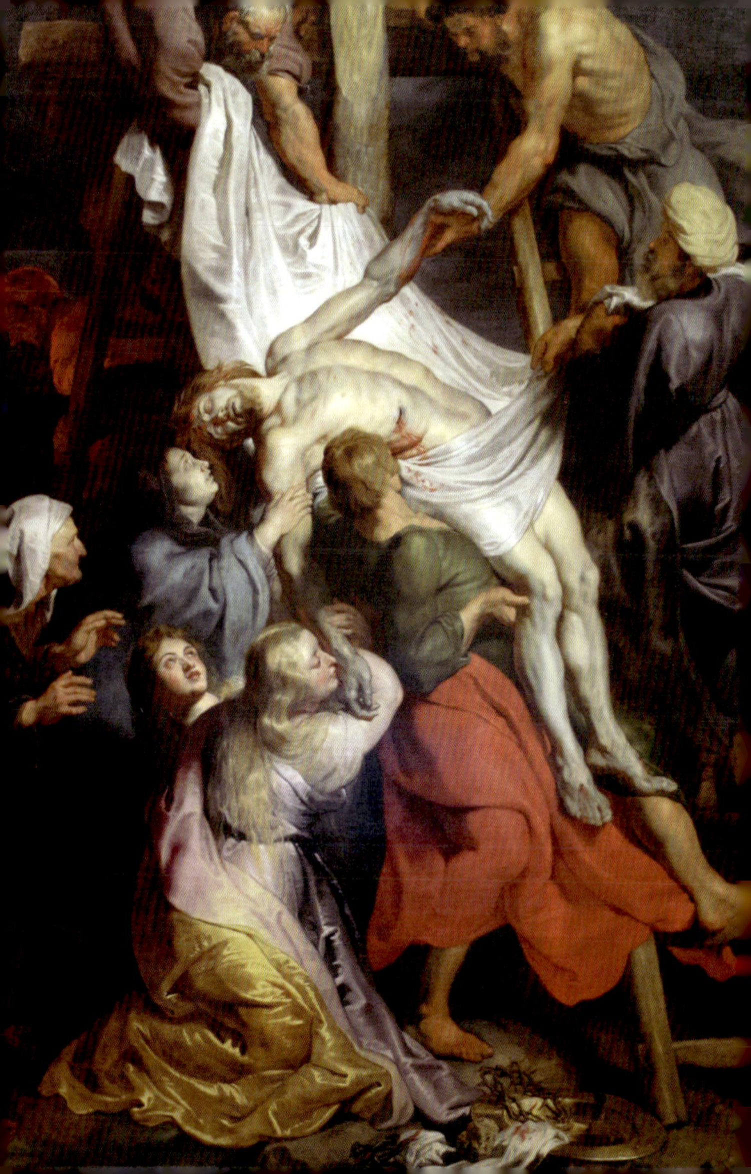

*Desejo a morte somente para unir-me com vínculos eternos ao **celeste** esposo. Desejo também a vida porque **Jesus** me deu a entender que a prova segura de **amor** só é dada em meio às dores da existência humana.*

*Quando se trata de **agradar** a Cristo, o meu **coração** transborda de alegria e se sente sempre mais **forte** ao encontrar qualquer aflição.*

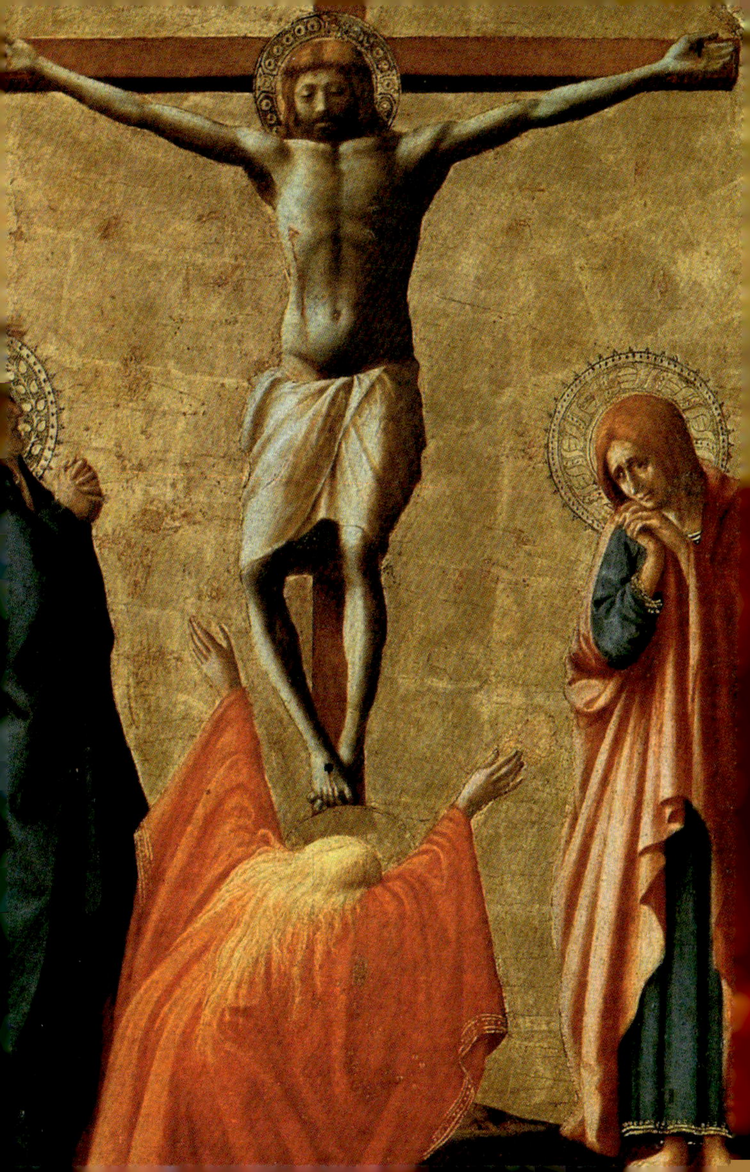

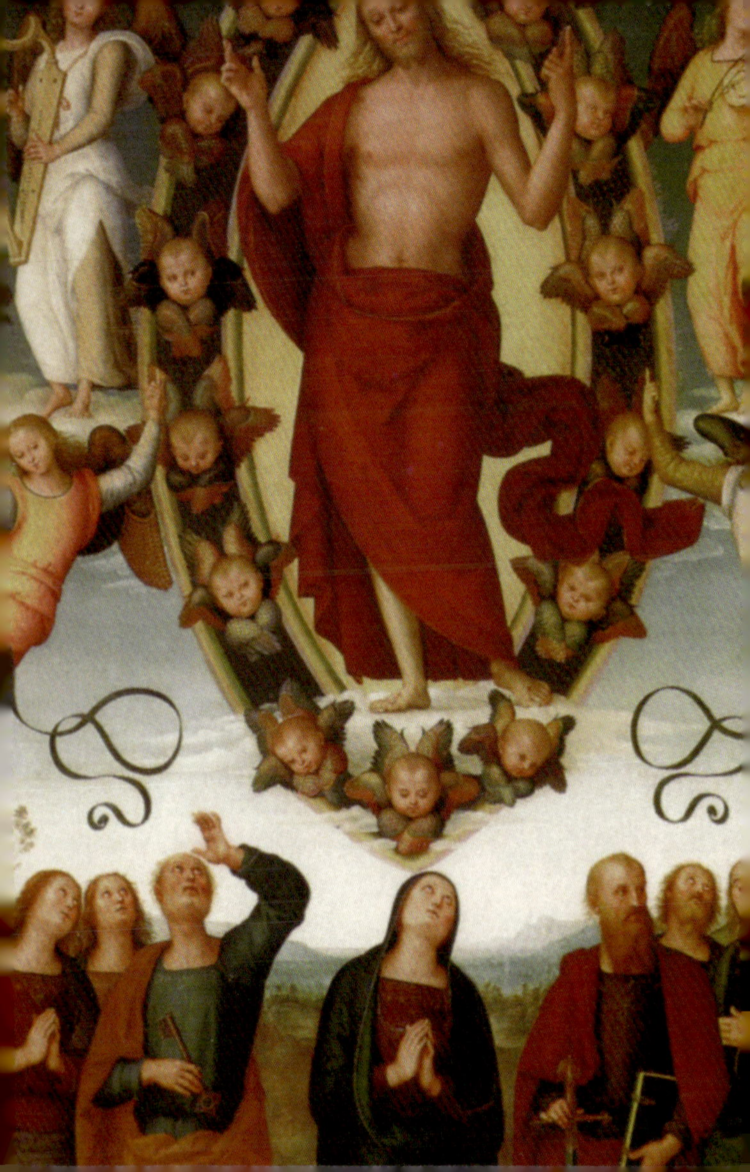

*Espero que o **Senhor**
queira aceitar
os meus sofrimentos
em **satisfação**
dos inumeráveis desgostos
que lhe causei.
Afinal, o que é isso
que sofro em comparação
com aquilo que realmente
mereço sofrer por meus
inúmeros pecados?*

*Em meio a tantos tormentos amorosos e dolorosos juntos, dois **sentimentos** contrários surgirão: o de querer rejeitar a dor e o de desejá-la. E o simples **pensamento** de viver por qualquer tempo sem um intenso martírio de **amor** me aterroriza, me assusta, me angustia.*

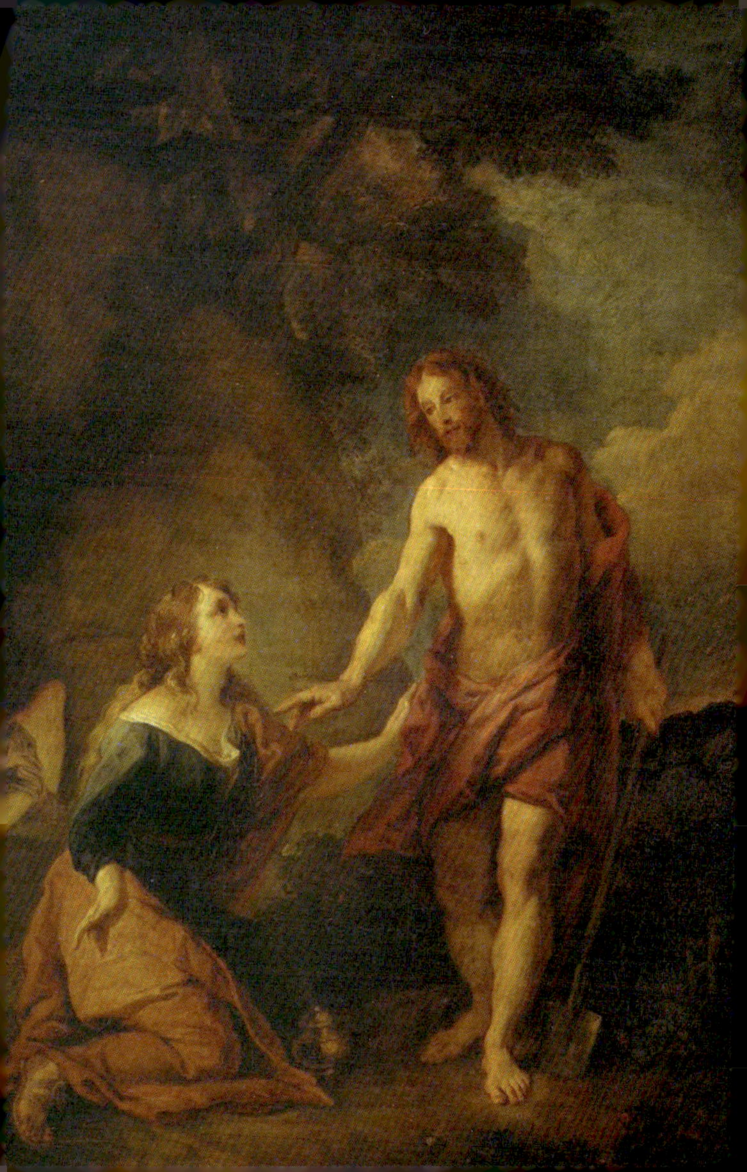

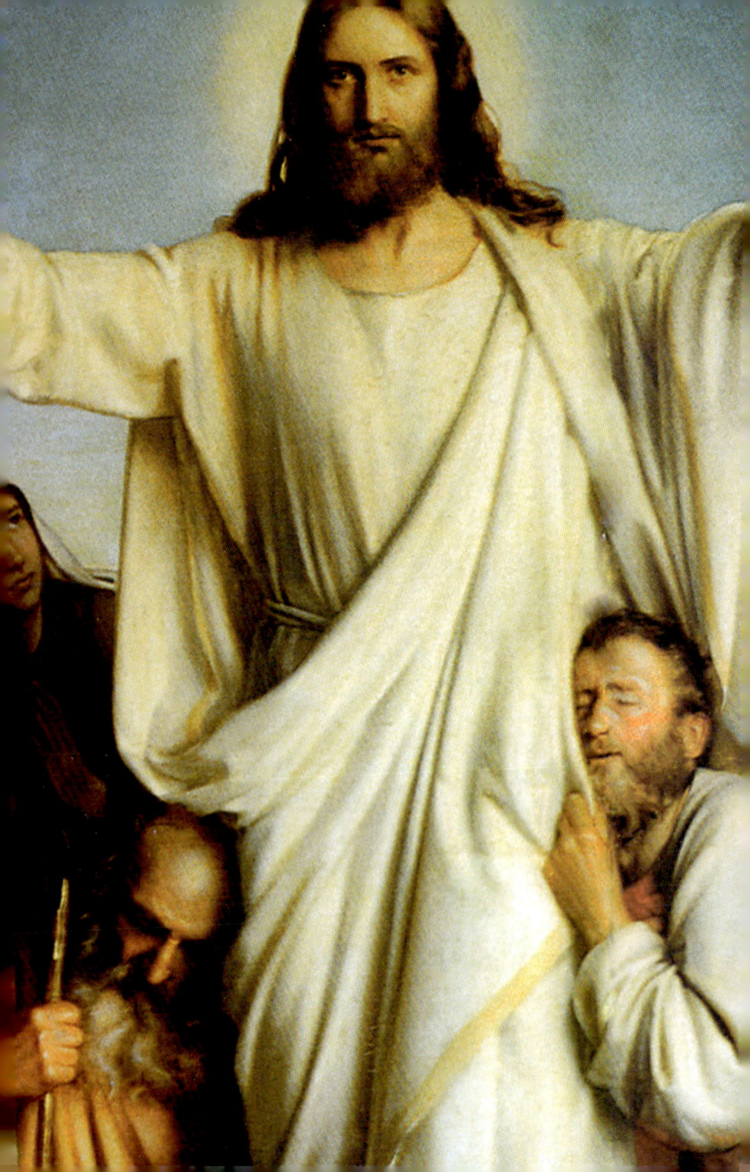

*Oh, que **felicidade**
na batalha espiritual!
Basta querer
combater sempre,
para dela sair **vitorioso**.*

*O mal é como
um cão raivoso
amarrado na corrente;
fora do limite
da corrente ele não pode
avançar em ninguém.
Portanto, permaneça
distante dele, pois, se você
chegar muito perto,
ele o morderá.*

São Padre Pio de Pietrelcina
Nascimento: 25 de maio de 1887
Morte: 23 de setembro de 1968
Canonização: 16 de junho de 2002
Festa litúrgica: 23 de setembro

*Nunca dê espaço à tristeza
no seu **coração**,
pois esta impede a livre ação
do **Espírito Santo**.*

Coleção **ENSINAMENTOS**

- *Viver a oração: ensinamentos de São Padre Pio,* David Brendo Silva (org.)
- *Divina misericórdia: ensinamentos de São João Paulo II,* Danilo Alves Lima (org.)
- *Minha vocação é o amor: ensinamentos de Santa Teresinha,* Danilo Alves Lima (org.)
- *Superar o sofrimento: ensinamentos de São Padre Pio,* David Brendo Silva (org.)
- *Viver a caridade: ensinamentos de Santa Dulce dos pobres,* Felipe Borges (org.)
- *Ser mais: ensinamentos de São Paulo VI,* Felipe Borges (org.)
- *Por um mundo mais humano: ensinamentos do Venerável Dom Helder Câmara,* Felipe Borges (org.)